환승

곰곰나루시인선 018
환승
이명애 시집

곰곰나루

시인의 말

"이젠 그 북한 얘기 그만하면 안 되겠니. 난 진절머리가 난다."

가장 잘 안다고 생각한 지인에게 들은 말이다. 여행을 다니면서 보고 느낀 것을 글로 아름답게 표현하는 사람이 시인 아니냐고 했던 분이다.

애초부터 북한을 알려야겠다는 사명감으로 시작한 글이다. 사십 평생 억눌린 내 가슴속에서 일어나는 거센 소용돌이를, 세상 밖으로 분출하지 않고서는 견딜 수가 없기에 스스로 사명감을 진 것이다.

나 같은 아마추어는 비교할 수 없는 훌륭한 글을 써내는 탈북 작가들도 많다. 하지만 70년이 넘는 세월, 연막 속의 그 세상은 몇몇 사람의 증언으로 다 드러날 수는 없다.

각자의 삶이 다르듯 걸어온 길도 다르다. 내 인생의

한 단락을 통해서도 선善으로 포장된 악행의 역사가 파헤쳐지길 바라 마지않는다.
  미흡한 글이나마 읽어주시는 모든 분께 감사드린다.

2025년 10월
이명애

환승

차례

시인의 말 4

제1부
출신성분

난감 12
정착 일기 1 — 삼 일째 되는 날 14
정착 일기 2 — 마트 장보기 16
정착 일기 3 — 동해 인심 18
환승 20
엄마의 자존심 22
투철한 직업정신 24
선거유세 27
첫 투표 1 28
첫 투표 2 30
여사님 32
한복 34
출신성분 36
자전거 여행 38
8평의 성공 40
덤으로 맞은 여성해방 42

2부
밥 먹었소?

금식　46

밥 먹었소?　48

악인　51

바나나　54

자매　57

뒷말　60

가을 태풍　62

뒤늦은 고해성사　64

노동자 고기　66

미쳐가는 임신부　68

올가미　70

마실 다니는 문　72

젓가락질　74

아버지가 들려준 이야기 1 — 효자　76

아버지가 들려준 이야기 2 — 북 치고 장구 치고　79

제사 음식　80

3부
이제는 말할 수 있다

가장 안전한 곳　82

벽돌과자　84

귤 껍질 1　86

귤 껍질 2　88

귤 껍질 3　90

이름　92

알루미늄 아기　94

지주 딸　96

사과배　98

가족 소풍　100

닷새의 행복　102

국광사과　106

이제는 말할 수 있다　107

꼬리를 무는 의문　110

무료교육 혜택　112

뜻밖의 사실　114

월북자　116

4부
존재의 이유

3의 법칙 120

웅덩이 121

위대한 여성들 124

드라마 〈슈룹〉을 보고 127

나쁜 뉴스 128

낡은 라디오 130

12월 133

누구였을까! 134

고맙습니다 136

씨가 된 말 138

월동 140

붕괴의 싹 1 142

붕괴의 싹 2 143

존재의 이유 145

나는 기다립니다 147

해설 | **박덕규** 문학평론가, 단국대 명예교수
존재의 이유로서의 '탈북문학' 149

제1부
출신성분

난감

금강산에 가봤어요?
아니요.

북한에서 태어나 지금껏 금강산도 못 가보고 뭘 했어요?
나도 가봤는데.

첫 직장
첫 출근날
얼어붙은 내 입술

경치 좋고 물 맑은 유명지마다
저들만의 특각*을 지어놓고
무장 군인 수천 명 세워놓고
개미 한 마리도 허용하지 않는다

국제친선전람관이 자리한

절묘하고 신비로운 묘향산은
대내외 선전용

인민들 사전에 관광이란 말은 없다
학생들만의 특권인 혁명사적지 견학도
상부의 승인하에
조직적으로만 갈 수 있다

하물며
검문초소 몇 개를 통과해야 하는
전연 지대에 자리한 금강산
민족의 얼이 서린 일만 이천 봉우리
바라만 봐도 죄가 되는
한 끼를 위해 바둥대는 인간들 세상

*별장.

정착 일기 1
— 삼 일째 되는 날

처음 보는 언니네
이 동네 이사 오셨나 봐요

내게서 눈을 떼지 않는
나보다 나이가 더 들어 보이는
옷 가게 여사장님

결혼 후 십오 년
싸구려 크림 한번 발라본 적 없는
검버섯투성이 내 얼굴
내가 그렇게 늙어 보이나!

장사 수법이겠지 하면서도
거슬린다

이 우와기*는 얼마나 해요?

언니 조선족?

아니
북한 사람인데요.

어머머 세상에!
나 북한 사람 처음 봐요.

옷 구경하던 아줌마들 시선이
일제히 나에게 쏟아진다

*겉옷(상의).

정착 일기 2
— 마트 장보기

  생소한 남새*들이 그득그득하다 이름도 모르고 먹는 방법도 모르겠다 감자 배추 고추 가지 무 콩나물과 파 마늘에만 손이 간다 비릿한 냄새에 끌려 생선코너 앞에 선다 내장을 꺼내고 소금에 절인 두 마리를 하나로 겹쳐놓은 물고기가 눈에 들어온다 이면수*다 함경도에서 평안도까지 등짐으로 져 나르는 장사꾼들 덕에 딱 한 번 먹어본 적 있다 본연의 맛은 잘 모르겠고 짜긴 왜 그렇게 짜던지 하지만 바다가 멀리 떨어진 곳에서 이면수를 먹어본 게 어딘가 가까이에서 보니 반들반들 윤기가 나는 검푸른 생선이다 이면수가 아닌 것 같다 40여 년 동안 명태 도루메기* 이면수밖에 본 적 없는 나는 무식을 무릅쓰고 용기 내어 묻는다

  이거 무슨 물고기예요?
  눈을 치켜뜬 점원이 되묻는다
  뭘 보구 말하는 거예요?
  이 물고기요.

고등어자반이에요.

　고등어면 고등어지 자반은 또 뭐야! 어려서 먹어본 고등어가 제일 고소하고 맛있었다는 오래전 어머니의 말씀을 떠올리며 힐끗거리는 시선 애써 외면한다

　한 손 드려요?
　네

　비닐봉지에 담아 건네면서 다행히 조선족인가 물어보진 않는다 하나 가득 물건을 담은 카트가 지나간다 한 바퀴 돌고 온 내 카트는 아직 밑바닥에 깔렸는데 떡도 먹어본 놈이 먹는다고 뭘 담아야 할지 모르겠다

*남새 : 채소.
*이면수 : 임연수.
*도루메기 : 도루묵.

정착 일기 3
— 동해 인심

만져보고 밀어보고 당겨보고
분리수거장 여기저기
기웃거리는 두 내외분
손에는 음식물쓰레기가 들려 있다
바쁜 출근길 멈추고 묻는다

혹시 여기 사시는 분 아니세요?

딸네 집에 왔다 가는데
놔두면 냄새날 것 같아서 들고 나왔더니…

우리 집 카드로
음식물 수거함을 열어드렸다

고마워요.
이게 바로 동해 인심이지.
우리 딸이 이런 동네에 산다는 게

정말 감사하네요.

동해시에 정착한 지 3년
이제야 진짜 동해시민이 된 것 같다

환승

앞으로 가야 할지
뒤로 가야 할지
환승을 하라는데 방향을 알 수 없다

밀려가는 사람들 뒤로
주춤주춤 따라가다
뒤늦게 발견한 지하철 안내 표지판

화살표 방향을 따라
위로 올라가고… 옆으로 빠지고… 앞으로 가고… 다시 계단을 내려간다

그토록 가고 싶었던 대학
사이버대 학생이 되어
입학식에 가는 길이다

둘로 갈라진 긴 세월

변하지 않은 것은 딱 하나
우리 말 우리 글

같은 말을 쓰니
손짓 발짓 안 해도 되고
같은 글을 쓰니
대학 공부도 할 수 있다

때마침 들어서는 환승 열차
덜커덩덜커덩
사십 대 끝자락의 나를 싣고
긴 터널 속으로 들어간다

엄마의 자존심

늦잠을 자는 바람에 셔틀버스를 놓쳐버렸다
상사에게 전화하니 월차로 처리한다고
집으로 돌아가란다

학교에서 돌아온 애들에게
지각해서 출근 못 했단 말은 할 수 없다

서둘러 택시를 잡아탄다
파주까지 갑시다.
4만 원 나올 텐데요. 돌아오는 비용은 감안하고요.

3차선을 꽉 메운 자동차 행렬
와이퍼는 잠시도 가만있지 못하고
안개등은 안간힘을 쓰며
빗살 속 방향을 알려주는데

풀 먹은 인쇄지 위에

재단된 갱판지 사뿐히 내려앉는다
철퍼덕 철퍼덕
눈 깜짝할 사이 옷을 입히는 싸바리 기계
컨베이어 타고 가는 예쁜 박스들이
머릿속을 떠다닌다

택시가 공장 정문 앞에 멈춘다
작업 준비하던 동료에게 달려가
택시비 좀 빌려달라 하니

오늘 일당 다 날렸네! 한다

한참 후
슬그머니 옆으로 다가온 사장님
내 손에
배춧잎 네 장 쥐어 주신다

투철한 직업정신

상담사님, 안녕하세요.
제가 그동안 많은 도움을
받았는데 갑자기 강원도로
이사 오면서 간다는 말도
못 하고 왔네요.
너무 늦었지만 지금이라도
인사드리는 게 도리인 것
같아서 문자 보냅니다.
그동안 감사했습니다.
건강 잘 챙기시고 앞으로
좋은 일들만 가득하길
오후 12:14 바랍니다~^^~

중요한 결정을 하셨네요.
강원도에서도 행복한
시간을 보내리라

기대합니다.
강원도하나센터를 통해
상담도 받고 도움도 받으
세요.
대한민국 국민으로 당당한
목소리의 주인공입니다.
소중한 인연 잊지 않겠습
니다.
좋은 하루 보내세요   오후 12:50

　　　　　　　네~ 감사합니다.
　　　　　　　제가 얼마 전에 북한의 삶을
　　　　　　　주제로 한 시집을 출간
　　　　　　　했는데 기념으로 하나
　　　오후 2:00　보내드릴까요?

축하드려요.

시집은 필요하지
않습니다.　　　　오후 3:38

선거유세

유세 떤다는 말은 들어봤어도
선거유세는 처음 본다
상대의 티는 까발리고
제 허물은 전전긍긍

인자함의 극치를 보여주는 미소들
곳곳에 너풀대고
알바생들은 사거리에서
살갑게 손을 흔들며
후보자 이름을 외친다

시끄럽게 떠들어대는 유세차
자유의 혜택이 넘쳐난다

첫 투표 1

사상 단련의 용광로로 활용되는
협동농장 작업반 선전실에
최고인민회의 대의원 선거
투표소가 설치된다

맨 꼴찌로 오면
보위원 눈초리에 걸려들라
장롱에 고이 모시던 옷 차려입고
새벽부터 길게 늘어선 사람들

내 나이 열여덟 살
공민증을 보이고
내 손바닥만 한
명함장 비슷한 선거표 받는다

입구에 떡 버티고 선 검은 안경
괜히 오그라드는 가슴

〉
양옆은 흰 천으로 가리고
앞면은 확 트인
한 평 정도의 공간에 들어선다

허튼짓 말라는 듯
정면의 초상화가 내려다본다
한 점 구겨질세라 반듯한 종이 조각을
좁은 구멍으로 밀어넣는다

낮 정각 12시
조선중앙방송의 고조된 목소리

100% 찬성투표
우리 공화국의 단결된 위력
다시 한번 세계만방에 과시하였다

첫 투표 2

나열된 대통령 후보자들 이름이
마트 영수증보다 길다

딱 한 사람만 설 수 있는 공간 안에
사람 인(人)을 거꾸로 새긴 것 같은
기표 도장이 놓여 있다

세뇌의 수혜자
맹목적이던 내 손이
난생처음 마음이 시키는 대로 한다

오는 순서대로 투표용지를 받는
정숙하지도 않고
분방하지도 않은
평상복 차림의 투표자들

저녁에 시작한 개표 상황이

새벽까지 고스란히 생중계된다

전국 평균 투표율 63%
대통령 득표율 48.7%
37%의 국민이 투표하지 않았다
투표자의 51.3%는
대통령이 싫다고 한다

귀를 의심하고
눈을 치뜨고 다시 봐도
그 숫자는 바뀌지 않는다

여사님

이 여사님!
대답하는 이 없다

이 여사님!
재차 부르는 점장님 목소리

주위를 둘러보니 아무도 없다

저요?
네, 이 여사님

여사님 존칭은
김씨 집안 여성 외는
감히 붙일 수 없는
존엄 그 자체

난 여전히

가족을 부양하기 위해
마트에서 열심히 일하는
평범한 아줌마

듣기 거북하다
몸둘 바를 모르겠다
그러나 싫지만은 않다

한복

명절날도 아닌데
한복 사 입고
경복궁에 다녀왔다는 딸내미

친구들 만류에도
독불장군처럼 홀로 한복 입고
맺힌 한을 풀었다네

한복이 그렇게 입고 싶었어?
명절날 한복 입은 애들 보면 정말 부러웠거든.

죽기 내기로 살아내야 했던
고난의 행군 시기
아침에 장사 떠나며
학교 다녀온 후
물 길어다 놓아라 당부해도
뛰놀기 바쁜 철부지 줄 알았는데

아르바이트로 차곡차곡 돈을 모아서
마음속 소원 이룬 딸

내 앞에서 한 번 더 입어보면 안 될까?

귀찮은 티 안 내고
벗어놓았던 한복을 다시 입는다
집 안이 환해진다

과거와 현재가 티격태격하고
후회가 기쁨을 훔친다

출신성분

어느 날 대학생 딸이 말한다

오늘 조별 과제 발표했는데
교수님이 내가 쓴 논술을 말하면서
같은 조 짝꿍을 칭찬하는 거야.

조기유학을 다녀온
유창한 영어 실력의 소유자
그가 더 잘했을 거라는 교수님 시각

네가 쓴 거라고 말하지!

그렇다고 점수를 더 받는 것도 아니고
교수님도 친구도 곤란할 것 같아서.

해방 후
각지에서 몰려든 당파에 떠밀려

천도교청우당에 가입했던 할아버지
공산당이 휘두르는 총칼에
가차 없이 숙청당했다

그때부터 지금까지 우리 가문은
동요 분자의 낙인을 지울 수 없었고
비당원의 수모를 겪어야 했다

토대의 굴레를 벗어던졌더니
흙수저의 잣대를 들이댄다

자전거 여행

동네 친구 자전거 연습할 때
밀어주고 잡아주고
무릎이 까지고 손등이 터지면서
가까스로 자전거를 배운 아들이
유럽으로 자전거 여행을 간다네

작년 여름방학에
김포에서 부산까지 다녀왔는데
길옆에 침낭 깔고
찜질방에서 라면 먹고
날 저무는 곳이 곧 숙소였다는데

생고생을 하고도
어릴 적 그 간절함
아직 다 풀지 못했나!

혹여 아들의 마음은

자전거를 타고
고향에 가고 싶은 건 아닐까!
씽씽 잘 나가는 자전거
친구에게 자랑하고 싶은 건 아닐까!

커다란 짐 퉁구리를 실은 자전거가 출발한다

아들아!
돌아올 땐 다 내려놓고
홀가분하게 오려무나

8평의 성공

혹시, 고향이 저쪽?
맞아요 저 북한에서 왔어요.
성공하셨네요.

8평도 되나마나 한 가게
에어컨도 맥을 못 추는
기록적인 폭염

튀김기가 뿜어내는
180도의 열풍
선풍기에 흩날리는 하얀 가루는
진드기처럼 온몸에 달라붙는다

탱탱하던 꽈배기도
더위를 먹은 듯 축 늘어지고
출입문의 딸랑 방울은
좀처럼 울릴 줄 모른다

〉
무거운 배낭 안 지고
끼니 걱정 안 하니
분명 성공은 성공인데….

덤으로 맞은 여성해방

1.
혁명의 한쪽 수레바퀴를 담당하는 여성들
무거운 가정일에서 해방해야 한다
달랑 하나 실천한 부엌의 수도
연이은 정전에 녹슬어 간다

바가지 모양을 본뜬
투박한 재생 플라스틱 함박*
툭하면 짜개져도
없어서는 안 될 주방 필수품이다

강냉이 쌀이든 입쌀이든 좁쌀이든
일지 않고서는 밥을 지을 수 없다
두 번 세 번 씻고 일어도
입안에 숨어드는 돌멩이
물 길어다 밥상 차리고도
슬며시 기죽는 아낙네들

2.
허리 높이에 알맞은 씽크대
오른쪽으로 틀면 찬물
왼쪽으로 틀면 뜨거운 물
일 년 365일 한결같은 수돗물

싸라기 하나 없는 하얀 쌀
쓱쓱 씻어 전기밥솥에 안치면 끝

냉장고엔 사철 푸른 채소
무더위가 도망가는 김치냉장고
땔나무가 놀라 자빠질 가스레인지
땀 한 방울 흘리지 않는 전자레인지
망돌*이 울고 갈 믹서기
상상조차 못 했던 경이로운 주방

자유 찾아 탈북했더니

여성해방 덤으로 맞았다

*함박 : 이남박.
*망돌 : 맷돌.

2부
밥 먹었소?

금식

굶주리는 이북 동포 생각하며
남조선교회 교인들
매주 금요일 저녁 금식한다네
작정하고 끼니를 거른다네

밥이 없어 굶어 봤어도
밥을 앞에 놓고 굶는다?
원수라 여겼던 남쪽 사람들
우리의 굶주림에 동참하고자
일부러 굶는다?

세상 한끝을 보고 왔다는
믿기지 않는 혈육의 진심

대롱대롱 매달렸던 인민의 생명줄
하루아침에 싹둑 잘라놓고
미국의 경제제재 맞받아 싸우자고

1938년 항일유격대의 본을 따라
'고난의 강행군'을 해야 한다고
허리띠 졸라매라고 강요하고

인민들이 굶는데 내가 어찌 밥을 먹겠나
줴기밥*으로 끼니를 에우고
열차에서 쪽잠을 자며
현지 지도를 다닌다는 인민의 지도자

세뇌가 흔들린다
눈을 가늘게 뜨고 세상을 다시 본다

*주먹밥.

밥 먹었소?

죽기 아니면 살기로
주린 배 부여잡고
무턱대고 강을 건넌 탈북자
불빛 환한 집 찾아 들어간다

문 열고 내다보던 집주인
강 저편 사람임을 단번에 알아보고
얼른 들어오우 밥 먹었소?

우리 엄마 말고 어느 누가
밥 먹었냐 물어본 적 있었던가!

돼지고기 숭숭 썰어 냄비에 넣고
달걀 아낌없이 툭툭 까서 지지고
시뻘건 양념의 김치
김이 물물 나는 하얀 쌀밥
생애 처음 받아본 진수성찬에

눈앞이 흐려진다

주인이 꺼내준 옷으로 변장하고
변방대를 피해 산길로 접어든다
시내를 향해 밤낮을 걷다
또다시 밀려드는 허기 이길 수 없어
마을 귀퉁이 작은 대문 조심히 두드린다

그 주인 역시 꺼낸 첫 말
밥은 먹었소?

배고파 탈북하는 사람
수없이 맞고 보냈을
옛 고구려 자손들의 따뜻한 한마디

자기 배도 채우기 힘든 저쪽 세상엔
오래전 사라져 버린

우리 민족의 정다운 인사말

악인

1.
산속에 숨어 사는 탈북자 부부
아랫마을 농부네 일손 도와주고 근근이 명을 부지한다

어느 날부터 차일피일 일급을 미루는 주인
당장 끼니 끓일 게 없어 그러니 오늘은 밀린 돈 좀 주시오.
내 지금 돈이 없어 그러니 좀 기다리시오.
이 동네 사람들은 다 받았다는데 왜 우리만 안 주는 거요?
내 돈이 없다질 않소?
그러면 우리부터 줬어야지요. 우린 사정이 다르지 않소.

야, 이 거지새끼야, 내가 북조선에서 오라 했니?
전화 한 통이면 끝날 것들이 주제도 모르고 날뛰고

있네.

그날 저녁 깊은 산속 오두막에 갑자기 들이닥친 공안
남편은 필사적으로 도망가고 아내는 잡혀간다

2,
한 상 가득 차려진 두리반
오순도순 모여 앉은 농부네 식솔들
깜깜한 창문 너머에서
조용히 지켜보는 검은 그림자

집 둘레에 묵은 볏짚단 촘촘히 세우고
휘발유 쏟아붓고
커다란 돌로 출입문 가로지르고
불방망이 휙 던진다

활활 타 번지는 불길을 뒤로하고
헬멧을 꾹 눌러쓴 사나이
어둠 속으로
바람같이 사라진다

바나나

한 꼭지에 오구구 매달린
영양이 딸려 구부러진 오이처럼
하나같이 등이 휘어진 물건

중국인 브로커가 하나 뚝 떼서 건넨다
허기진 입으로 가져가는데

아니 껍질을 까고 먹어야지.
바나나 한 번도 못 먹어봤소?

이게 바나나예요?

휙 낚아채
노란 껍질을 쭉쭉 벗겨서 준다

잰내비 미꾸농 새빨개
새빨간 건 사과

사과는 맛있어
맛있는 건 바나나
바나나는 길어
긴 것은 기차
기차는 빨라
빠른 것은 비행기
비행기는 높아
높은 것은 백두산

까마득히 까먹었던 구전동요
사과보다 맛있다는 바나나
한입 베어 문다

달콤하다
부드럽다
향기롭다

세상을 얻은 기분이다

자매

넌 꼴이 그게 뭐니?
누가 촌놈 아니랄까 봐!

평양에 간다고 나름 신경 쓴 건데
이십 년 만에 만난 동생한테
언니는 매섭게 눈을 흘긴다

노동신문사 기자인
형부 퇴근 시간에 맞춰
저녁상 차려놓고
뽀얗게 화장하고
애교스럽게 남편을 맞는 언니

결혼한 여성은 남편에게 부양받아
하루 300그램의 식량을 받는다

일손이 부족한 농촌은 제외

싫든 좋든
아내도 남편과 동등한 농장원이 되고
일 안 하면 식량은 0그램

꼭두새벽에 일어나
밥하고 먹이고 치우고 집짐승 돌보고
애들은 학교로 유치원으로 탁아소로
엄마는 허둥지둥 밭으로 달려간다

어둠이 깔려야 끝나는 농사일
탁아소에서 아기 둘러업고
옆구리에서 흘러내리는 삼태기 추스른다

손이 열 개라도 모자랄 판
고된 삶에 차례지는 건
겨우 강냉이 밥술이지만
동생 눈에 비친 언니는

옛날 기생을 방불케 한다

뒷말

사진을 깨우려고 담아 놓은 액체
사진사 오빠 옆에 엎드려
물끄러미 들여다보던 여동생

이거 먹으면 진짜 죽어?
알면서 왜 물어?

담요로 빛을 차단한
윗방에 들어갔던 오빠
동생의 신음에 절뚝거린다
넓적한 사발의 현상액이
감쪽같이 사라진 것을 발견한다

애를 지우려고 마셨대.

동네에 떠도는 흉흉한 소문

군내 농업전문학교 다니며
뭇 사내들의 마음을 훔쳤던
청상과부의 사랑둥이 막내딸

이래서 옛날부터 체네는
밖으로 굴리면 안 된다고 하는 거야.

스무 살 처녀가
꽃다운 목숨을 놓은 후에도
끊이지 않는 촌사람들의 뒷말

암실이 따로 없는 집에서
어둠과의 동행이 익숙한 오빠지만
여동생이 남긴 암흑은
시간이 지나도 익숙해지지 않는다

가을 태풍

옹크린 여자를 휘감고
자빠뜨릴 듯 날뛰는 태풍
빗줄기는 얼굴에 구멍을 낼 기세다

배고파 쓰러진 아들딸
눈 뜨고 굶겨 죽일 수 없는 일
천금 같은 이 기회 절대 놓칠 수 없다
여자는 밤이 깊어지기를 기다려
강냉이밭으로 숨어든다

와스스 와스스
길길이 나부끼는 잎사귀들
여자의 몸 꼭꼭 숨겨준다
고마운 광풍은 뚝뚝 이삭 따는
소리 족족 삼켜버린다

문득, 태풍이 숨을 고르는 듯

고요해진 사방

어디선가 경비꾼이 나타나
뒷덜미를 낚아챌 것 같다
땅과 한 몸이 된 여자는
젖은 옷 뒤집어쓴 채 와들와들 떤다

해 떨어지면 뒷간도 못 가던 소녀
칠흑 같은 어둠
잠들지 않는 강풍 속에서
물먹은 배낭과 악을 쓰며 씨름한다

뚫어져라 앞뒤를 주시하며
낮은 포복으로
두 아이가 잠든 집을 향해 기어간다

뒤늦은 고해성사

아들애 얼굴에
마른버짐 마를 날 없다

학교로 가는 사십 분
칼바람이 살을 헤집어 피가 난다
그래도 아들애는
아프다고 말한 적 없다

클라고 하는 거야요.
애들은 다 버짐과 함께 큰대요.

옆집 아낙의 말에 안도하며
검붉은 피딱지
오돌토돌 엉겨붙은 얼굴
살며시 쓸어보는데
잠든 아들이 움찔한다

영양결핍으로 생기는 버짐
몰랐던 것도 죄
알았다 해도 죄

공기만 통하면 떡이 돼버리는
국산 크림 한 통이 사치였다

입에 겨우 풀칠만 해주고
그 땅에서 살아남았다 자신하는
죄 많은 어미의
뒤늦은 고해성사

노동자 고기

1.
노란 속의 뚱뚱한 배추는
권력 있는 자들 몫
길가의 길짱구* 같은
속없는 배추는 노동자들 몫
이마저도 김장철에만 공급받는다

헝겊과 비닐로 감싼 김칫독
칼끝에 뜯겨나온 시퍼런 김치
딸려 나온 얼음 조각들 우수수
햇볕에 반짝이고
소금에 절인 반철농량은
양력설도 넘기지 못한다

2.
남새밭을 관리하던 엄마

살찐 배추에 놀라는 노동자 아내에게
분조장 몰래 한 통 선심을 쓴다

며칠 후 만난 그 아줌마
돼지고기처럼 달콤하고 부드럽고 쫄깃하고
둘이 먹다 하나 죽어도 모를 맛이라며
연신 허리 굽힌다

골고루 사회주의의 유행어
'노동자 고기'

배급제도가 붕괴되고
자본주의 시장이 만연하니
역사의 뒤안길로 사라진다

*길짱구 - 질경이.

미쳐가는 임신부

두 동생만 남겨놓고
남편을 따라 간 옆집 처녀
오랜만에 친정에 왔다

강냉이밥 한 그릇
된장국 한 그릇 더 떠 놓고
저녁 한 끼 하는데

언니도 임신했을 때 그랬어요?
난 고기가 왜 그렇게 먹고 싶은지 모르겠어요.
동네 개가 지나가는데 막 때려 잡아먹고 싶더라니까요.
지금도 눈앞에 개가 왔다갔다 해요.

친정엄마가 살아계셨더라면
멀건 돼지고기 국물이라도
한 사발 먹여 보냈으련만

〉
개를 좇아 번득이는
저 눈빛
무슨 일 낼 것 같다

올가미

첫울음 터뜨리기 무섭게
아내가 남편에게 하는 말
빨리 가서 출생신고 해요

아기를 등록해야
100그램짜리 배급표 나오고
명절용 당과류 선물도 받을 수 있다

산모는 하루 300그램
아기 몫을 합치면 400그램
악착같이 빨아대는 아기 입심에
엄마는 껍데기만 남는다

두드러진 광대뼈
날 선 턱
얼굴을 뒤덮은 검버섯
희고 동그랗던 얼굴은

젖을 뗀 후에도 돌아오지 않는다

'양식은 곧 정치다'
양정사업소에 내걸린 구호

평등과 균등의 상징인 배급은
허울 좋은 통치 수단일 뿐
끄는 대로 따라갈 수밖에 없는
부림소의 코에 건 올가미다

마실 다니는 문

한날한시 무리배치 받고
발전소 건설장에 떠밀려 온 제대군인들
산언덕을 깎아내고
1동 2세대 사택이 들어선다

얼기설기 흙벽돌로 벽을 쌓고
각목으로 용마루와 서까래를 얹고
푸석푸석한 시멘트 기와 올리고
출입문과 창문엔 틀만 고정한 채
속절없이 세월만 간다
보채는 제대군인들에게 돌아온 대답
자재가 없어 언제 완공될지 모른다

군에서 갈고 닦은 자력갱생의 실력
냉상 모판 덮은 비닐 박막 벗겨다
창문은 통으로 막고
건너편 동네 집 문짝 몰래 떼어

출입문 해결한다

고향 가서 아내와 아이를 데리고 오니
집이 휑하다 문이 사라졌다

출입문 어디서 구했나
끈질기게 묻던 동료 제대군인

물증을 눈앞에 두고도
내 것이라 주장할 수 없는 도적
밤 품 팔아
아랫마을 선전실 문짝 또 떼온다

젓가락질

국에 만 밥 한 숟가락에
활짝 웃던 떼쟁이 어린 시절
수저통에 꽂혀 있는 젓가락 서너 개
눈으로만 익혔던 딸

탈북 후 손에 든 묵직한 젓가락
두 개가 따로 놀고
다섯 손가락은 갈팡질팡

버팀목이 되어주는 연약한 엄지
서로서로 마음을 모으는
가느다란 중지와 검지
작은 힘이나마 보태려 애쓰는
나약한 약지와 소지
손가락 마디마디 발갛게 물든다

가족들의 일심동체에도

나란히 서기 힘든 젓가락
어긋난 끝자락에 간신히 매달려
금세 떨어질 것 같은 콩나물

어정쩡하게 편 검지는
누구를 가리키는 건지
수천수만 번 밥 먹는 동안
그대로 굳어진 그 자세

내 보기엔 별 탈 없는데
남자 친구 어머님에게
젓가락질 제대로 못한다
핀잔 들었다네

이 어미 탓이라고 이실직고해야 하나

아버지가 들려준 이야기 1
― 효자

곤한 잠에 빠졌던 아들이
문소리에 눈을 뜬다
달빛에 비친 구부정한 그림자
뒷간에 가시려나!

다음 날도 그다음 날도
살그머니 문 여닫는 소리
조반 짓는 며느리 일어나기 전
은근슬쩍 들어서는 어머니
아침상 물린 후 귓속말로 묻는 아들

어젯밤 어디 다녀오셨어요?
나 아무 데도 안 갔는디.

식구들 잠들기를 기다려
그날 밤도 어김없이 문밖을 나서는 어머니
아들은 몰래 뒤를 밟는다

〉
신발을 벗어들고
살 에는 도랑물 주저 않고
개울 건너 홀아비 영감 집에
스스럼없이 들어간다

놀란 가슴 달래고 침 구멍으로 엿보니

요기 긁어주랴
조기 긁어주랴
어 시원하다

세월에 할퀸 손바닥으로
서로의 등 쓸어주며
정겹게 마주 보는 두 늙은이

일찍이 홀로 된 어머니
동네 소문난 효자의 자책

바지 걷어 올리고
든든한 돌다리 놓는다

아버지가 들려준 이야기 2
— 북 치고 장구 치고

밥을 물에 말아 먹는 것을 본 일본인
밥도 물에 씻어 먹다니
조선 사람은 정말 정갈하구나

사발에 남은 뿌연 물
한 방울도 남김없이
쭉 들이켜는 것을 보고

에잇 더러운 족속들

제사 음식

북한에서도 제사 지내요?
추석에 송편도 빚나요?
제사상엔 뭘 올려요?

술 한 잔 붓고 절하는 사람도 있다
밥 한술 떠 놓는 사람도 있다

형편이 좀 나으면 송편도 절편도 빚는다
돼지고기 서너 점 꿰고 달걀 풀어 산적도 만든다
가지나물도 볶고 콩나물도 무친다
두부도 굽고 사탕 과자도 생기면 올린다

한 끼를 위해 허덕이는 인생들
없으면 없는 대로
있으면 있는 대로

3부
이제는 말할 수 있다

가장 안전한 곳

선물 생산하고 남은 당과류 몇 봉지
어쩌다 유치원에 간식이 내려왔다
창고에 두었던 강냉이 뻥튀기
그날로 도적맞은 기억

궁리 끝에
원수님 어린 시절 따라 배우는 연구실
정중앙에 침대처럼 틀고 앉은
만경대 고향 집 입체모형 아래 숨겼다

다음 날 아침
비스듬히 열려 있는 출입문
문고리에 건들거리는 자물쇠
야반 행동 개시자가 또 다녀갔다

서랍장의 해진 담요들 베개들
온갖 잡동사니들과 책들

몽땅 쏟아져나와 뒹구는 가운데
코를 찌르는 거무스름한 무더기

똥을 싸면 꼬리가 밟히지 않는다는 속설
고작 아끼던 교시 노트 하나 들고 가놓고
이 고약한 짓거리는 왜 한 건지

코를 싸쥐고 뱅뱅거리다
뒤늦게 연구실로 달려간다
나프탈렌 냄새와 습기를 잔뜩 머금은
사탕 과자봉지 그대로 있다

벽돌과자

이가 부러질 것 같다
칼로 박살 낸 과자 조각
입에 넣고 사탕처럼 녹여본다

부슬부슬 강냉이 가루 과자
혓바닥이 껄끄러워도
이 정도는 아니었는데
먹고 죽지 않으면 그만인가
주원료가 무엇인지 알 수 없다

엄마가 가마에서 쪄내고
식기 전에 얼른 먹으라고 한다
금방 다시 딱딱해진다고

민족 최대 명절에만 구경했던
들쩍지근한
그 기막힌 벽돌과자

〉
고난의 행군이 시작되니
그마저도 그립다

귤 껍질 1

중학교 문학 교과서에 수록된
최서해의 「탈출기」

어디선가 주워 온 귤 껍질
쭈그리고 앉아 먹던 임신한 아내
불쑥 들어서는 남편을 보고
황급히 아궁이로 던져 넣는다

살 떨리는 배신감에
재 속을 뒤져 귤 껍질을 찾아낸 남편이
꺼이꺼이 운다

귤 껍질은 어떻게 생겼을까
배나 복숭아 껍질은 먹어도 되는데
귤 껍질은 왜 먹을 게 못 되는 걸까

외할머니댁 늙은 배나무의

옛날 주병을 닮은 병배
마을 앞 과수원의 복숭아와 사과는
이삭* 주워 먹어봤는데

기억을 총동원해도
귤이란 물건 그려낼 수 없다

*곡식이나 과일, 나물 따위를 거둘 때 흘렸거나 빠뜨린 낟알이나 과일, 나물을 이르는 말.

귤 껍질 2

말라비틀어진 나무 껍데기 같다
손에 손을 거쳐
촌구석 우리 집에 다다른
거뭇한 귤 껍질 몇 조각

장마당에서 사 온
목이 잘록하고 투명한 빈 술병에
모래를 통과한 맑은 증류주를 담고
귤 껍질 조심히 넣는다

하룻밤 자고 나니
연한 살구빛이 피어나고
은은한 향이 풍긴다

고급술로 둔갑한 농태기*가
잔칫상에 올라 손님들 맞는다
멋스러운 상표가 그대로 붙어 있어

위풍도 당당하다

*가정집에서 빚은 술.

귤 껍질 3

하나원 퇴소 후
제일 먼저 산 것
사과 한 박스
귤 한 박스

귤 한 박스가 순식간에 동난다
두 손으로 받쳐 든 붉은 사과
북청 사과에 비교가 안 되지만
애들이 거들떠보지도 않는다

수북이 쌓인 귤 껍질
입에 넣고 잘근잘근 씹어본다
쌉싸름하고 독한 향
혓바닥이 알알하다
꽃제비는 없어서 못 먹을 듯

통일되면 제일 먼저

봉지라면 바리바리 싣고 가서
동네잔치 하자 했는데
귤도 한 자동차 싣고 가야겠다

이름

수아, 솔이, 다미…
순우리말 이름
남한 드라마를 몰래 본 사람들
이름처럼 예쁘게 살라고
자식에게 지어줬을 뿐인데
노동당 지시가 하달된다

반사회주의적이고
사대주의적이고
당의 권위를 훼손하는 행위다
우리 식으로
혁명적으로 바꾸라

인민학교 1학년 어느 날
딱친구* 인자가 인숙이 되고
김정숙이 김정옥이 됐다

하루아침에 바뀐 낯선 이름
입에 달고 놀렸을 때
뽀로통해서 돌아서던 내 친구
집에 가서 얼마나 떼쓰며 울었을까!

일본식이라 개명 당하고
김씨 일가 이름과 같다고 뺏기고

이제는 우리말 고운 이름
남한식이라 탄압한다

*딱 붙어 다니는 단짝 친구.

알루미늄 아기

떼를 지어 정문을 통과하는
노동자들 사이로
아기를 업은 엄마가
불편한 걸음으로 흘끔거린다

아주마니, 거기 서시오.

진짜 총과 흡사한 나무총으로
천리마포대기*에 달린 커다란 모자
훌러덩 벗기는 보위대원
포대기 풀라고 명령한다

여자의 발뒤꿈치를 때리는
갓난아기만 한 알루미늄 덩어리

폐 알루미늄을 야시장에 팔 생각에
정문을 빠져나갈 나름의 묘안으로

등허리에 단단히 묶고 포대기를 둘렀다

현장 간부들과 짜고
자동차로 빼내면서도
큰 도적 잡은 양
쾌재를 부르는 공장 보위대

한 달 동안 정문 앞에서
알루미늄 아기를 업은 채
출근하는 노동자들 맞고 보내는
세 아이의 엄마

*양어깨에 걸치는 넓적한 끈을 붙이고 단추로 앞을 잠그는, 겉에 두르는 포대기.

지주 딸

이쁘고 똑 부러진 학급 반장
갑자기 반장에서 잘리더니
어느 날 아예 사라져 버린다

반 애들 조잘거린다
걔네 엄마 지주 첩의 딸이래
걔네 가족 탄광으로 추방됐대

소작 농민의 피와 땀
악착같이 빨아먹는 지주
이 땅에서 영원히 사라져야 할 착취계급

사 년을 함께한 친구
먼지처럼 털어내는
세뇌당한 아이들의 새가슴

1946년 3월 5일

토지개혁 법령이 발표되고
지주가 몰락한 지 삼십 년
배급제도에 얽매여 사는데
지주 딸이 무슨 소용이더냐

농장진료소 소장인
오십을 앞둔 그 애 아빠
항변 한마디 못 하고
둥지째 쫓겨간다

사과배

배나무와 사과나무를 접했다는
가지가 찢어질 듯 달린 연녹색 과일
코끝을 간지럽히는 달콤한 향기가
정신을 빼간다

발을 통해 감지되는 물컹한 느낌
바닥에 족히 한 벌은 깔린 사과배

한 알 골라 들고 먹는다
하얀 속살을 파고든 갈색
쓰고 역겨워 뱉어낸다
또 하나 고르니 그 역시 절반이나 썩었다

곁으로 다가온 중학교 선배인 경비꾼

아니 왜 땅바닥에 치 줴먹구 기래?
아까와서요 긴데 왜 이리케 팬태놔*요?

리당비서 지시래 어데 보낼 거라는디 언제꺼지 겡비를 세야 되는디 우리두 죽갔다야.

　껍질째 먹어도 손색없는
　사각사각 달콤 시원한 사과배
　이미 농익어 하루가 새로운데
　평생 과일 구경 못하는 사람 부지기순데…

*팬태놓다 : 내버려두다.

가족 소풍

밤새워 정성 들여 만든 음식
광주리 담아 머리에 인 엄마와 언니
술통과 물통을 든 우리 남매
앞서거니 뒤서거니 산소로 향하고
낫자루 하나 챙겨 든 아버지는
낡은 자전거에 동생 태우고 출발한다

먼저 도착한 아버지 손에
말끔하게 이발을 한 조부모님
철없는 동생은 어느새 묘지에 기어올라
주르륵 미끄럼에 신난다

하루바니 할마니 머리 꼭대기에 올라가문 돼간?

평소답지 않게
옅은 미소로 타이르는 아버지

상돌 위에 차려진 귀한 음식
묘지기 산신나무에 먼저 한 잔 붓고
향내 솔솔 위로 술잔 세 번 돌리고
나란히 서서 큰절 올리고
엄마는 제일 맛난 산적 손으로 뜯어
동생부터 차례로 나눠주고
온 가족이 둘러앉아 행복을 맛보는
조상님이 베풀어 준 최고의 명절이었지

노을을 벗 삼을 때면
도란도란 웃음소리
선들바람을 타고 먼 길 떠났지

닷새의 행복

1.
소매가 질질 늘어난 혼방 세타*
주름발이 푹 퍼진 면 치마의 농촌 소녀
평양에서 이사 온 군부대 아이들 앞에
마냥 부끄럽다

농촌상점에 어쩌다 배정된
쌀수매용 나일론 세타
명절날 이밥 안 먹어도 좋으니
나일론 세타 사달라고 조른다
어머니는 없는 입쌀 짊어지고 간다

내일은 나도 빨간 세타 입는다!
오후 내내 들떴던 나는 그날 저녁
다섯 개가 벌써 다 팔렸다는
청천벽력 같은 소리를 듣는다

2.
1977년 4월 15일
온 나라 학생들이 일제히 선물을 받는다

꿈속에서 찾던 나일론 세타
한 번 잡으면 일주일은 끄떡없는
칼날 같은 주름의 테트론 어깨치마
가슴엔 볼륨이 살아 있는 붉은 나일론 넥타이
졸업한 언니도 신어본 적 없는
반들반들 와인색 의혁구두
삼각자, 긴자, 분도기, 콤파스
연필, 지우개, 샤프, 원주필*이 든 필통
삐뚤삐뚤 쓰기 아까운
하얀 모조지의 교시 말씀 노트
하늘색 책가방을 든
평양 아이처럼 환생한 내 모습에
어머니 얼굴에 함박웃음이 핀다

3.
겨우 닷새나 입었을까
사십 일 동안 농촌 지원 갔다 오니
아랫반 동생들 세타가
허옇게 색이 바랬다

급기야 내려진 당국의 지시
선물한 세타 몽땅 거둬들여
자주색으로 물들여 준다

지방 경제 고려하지 않은
무조건 관철해야 하는 당의 지시
초록에 덧입혀진 죽은 자주색
수령 찬양 일색이던
선물의 의미는 퇴색했지만

열세 살 그날은

내 육십 평생 가장 행복한 날이었다

*세타 : 스웨터.
*원주필 : 볼펜.

국광사과

장마당이 번성하더니
설 명절 밑에
중앙당 간부들 식탁에나 오를
사과가 등장한다

강냉이 일 킬로그램 사백 원
사과 한 개에 백 원
큰맘 먹고 네 개 샀다

명절날 아침
제 주먹만 한 국광사과
두 개씩 받아 든 아이들
난생처음 보는 퍼런 사과
씨 한 톨 안 남기고 먹어 치운다

이제는 말할 수 있다

원수님 이름으로
전국 아이들에게 주는 당과류 선물
유치원과 인민학교가 함께
식료공장에서 받아오는 날
인민학교 교무부장으로 이직하신
중학교 담임선생님과 동행했다

교사 여섯이 합심하여
공장 창고장이 넘겨주는
여섯 개씩 든 꾸러미
확인 또 확인하고 자동차에 싣는다

도착해서 부리는데 한 꾸러미가 남는다
두 번 세 번을 다시 세어봐도
여전히 남는 일 킬로그램짜리 여섯 봉지

어차피 묻어온 건데

두 번 오는 기회도 아닌데
우리끼리 나눠 가지면 그만인데
누구도 선뜻 속마음을 꺼내지 못한다

운송 책임자인 교무부장의 고심
상관에게 보고해 봤자
그들이 꿀꺽할 게 뻔하고
이 사람 저 사람 좇던 눈
나를 지그시 바라본다

잠시 후, 교무부장의 최종 결론
한 봉지씩 가져가되
이 비밀 무덤까지 가지고 간다
들통나는 경우 어떻게 될지는
굳이 말 안 해도 알 것이다

오직 충성만을 가르쳤던 스승님

그녀도 일곱 식구의 엄마였다

꼬리를 무는 의문

냉장고에 빨간 토마토가 다섯 개
집에 놀러 온 동무들과
하나씩 나누어 먹었어요

동무들을 먼저 생각하는
갸륵한 그 마음 따라 배워야 한다
지도자 선생님 어린 시절 이야기
유치원 아이들에게 가르친다

문득, 기록영화에서 본 1945년
낙후한 농업국가였던 우리나라
빈민에서는 해방되지 못한 백의민족

그때 냉장고가 있었다?

1980년대 우리 집 냉장고는
부엌 구석에 자리를 튼 콘크리트 물탱크

〉
남아도는 음식이 있는 것도 아니고
쟁여둘 찬거리가 있는 것도 아니고
우리가 사는 세상은
굳이 냉장고가 필요 없는데

인민이 조밥을 먹으면
나도 조밥을 먹는다?
인민의 어버이가 했다는 말
귀 따갑도록 들으며 자랐는데

저 남산만 한 배는 뭐지?

무료교육 혜택

정문을 쏟아져나온 학생들
삼삼오오 마을로 흩어진다
딱딱하게 굳은 강냉이밥
물에 말아 허겁지겁 먹고
작업복 갈아입고 달음질친다

6교시는 김부자의 노작 시간
뿔럭불가담운동
제3세계 나라들
어쩌구저쩌구
책상 아래 호미 삽 소랭이*도 청강한다

오후 수업 끝난 무보수 땅꼬마 일꾼들
툭툭 쟁강쟁강 일터로 향한다

바쁜 농장 일손 돕기
학교 담벼락 횟가루 칠하기

도로 정리하기
봄가을 나무 심기
부족한 학교 건물 짓기
학교 토끼사 짓기
야외 수영장 건설하기
……
남학생들은 장마철에 쓸려 온 개울가 모래 모아놓고
여학생들은 소랭이에 담아 머리에 이고 나른다

모래에 짓눌린 머리 꼭대기
불덩이 올려놓은 듯 따갑다
몰탈에 필요한 물을 이고 갈 땐
걸음걸음 출랑출랑
물에 빠진 쥐새끼가 된다

* 세숫대야.

뜻밖의 사실

세끼 밥을 위해 탈북한 나는
뜻밖의 사실에 어리둥절한다.

1970년대는 북한이 남한보다 잘 살았다!

컵으로 박박 되어 먹어도
15일 분량으로 7일 먹기 딱 좋은
배급이나마 받으며
꼼짝없이 복종한 1970년대

100그램 200그램
음으로 양으로
배급표를 잘라가던 시기

최고 존엄의 말에는
누구도 감히 토를 달 수 없다
예산을 뛰어넘는 허세

평양세계청년학생축제를 시작으로
나라 살림 거덜 나고
사회주의의 꽃인 배급이 결딴나고
도강하는 사람들이 줄을 잇는다

이밥이 질려 잡곡 찾고
동서해 수산물 앉은 자리에서 먹고
냉장고엔 빈자리가 없는 지금
걱정 없는 삶에 겨워
취미라는 것도 생겼으니

이것이 나의 대답이다

월북자

양쪽으로 길게 늘어선 환영인파
커다란 꽃목걸이 걸고
두 손 들어 화답하는 월북자

자의인지 타의인지 알 수 없는
우리들의 영웅
환대하는 마을 사람들

보안당국의 내부 방침
한 번 배신한 자는 두 번도 한다
사방에 심은 도청 장치
매일매일 동향이 보고된다

못 견디게 그리운 고향
부모님 보고 싶다 했을 뿐인데
보위부에 끌려가 문초당한 사실
호된 사상 단련 받은 사실

절대 발설하지 않겠다는 서약
그 누구에게 하소연하랴

나무꾼 차림으로
의심의 눈초리 뒤로 하고
산꼭대기로 올라가
하염없이
남녘 하늘만 바라본다

4부
존재의 이유

3의 법칙

1에 1을 더하면 2
2에 1을 더하면 3
2와 3의 차이는 불과 1

한 명이 소리쳤을 땐
누구도 관심을 두지 않았다

두 명이 말했을 때
하나둘 쳐다보았다

세 명이 목소리를 내니
네 명, 다섯 명, 여섯 명…
백 명, 천 명, 만 명…

그 위력은
세상을 바꾸는 힘이 된다

웅덩이

물고기

상 하류를 잇던 실개울마저 승천하고
강바닥 돌멩이도 멀쑥이 드러나고
전천강의 물고기들은
웅덩이에 모여들어 바글거린다

물은 점점 잦아들고
녹색으로 변해가는 수면 위에선
소금쟁이들이 통통 뛰논다

비는 언제나 오려나
웅덩이 속에서 뻐끔거리며
이글거리는 하늘 올려다보는
작은 생명체들

수용소

죽을 수도
살 수도 없는
입이 있어도 울부짖지 못하는
꼬리 없는 짐승들이 허우적댄다

웅덩이 속 물고기는
장마의 희망이 있지만
거대한 암흑의 울타리 속에는
한 줄기 빛조차 스며들기 꺼린다

곳곳엔 안전장치가 풀린 기관단총
머리 드는 사람을 향해
언제든 뿜어댈 태세다

기도

숨이 붙어 있다는 이유로
고초를 당하는 사람들

지옥의 그 땅에
폭풍이 휘몰아치기를
독재의 철조망 쓸어가 버리기를

3대 세습의 희생양들
눈을 들어 세상을 볼 수 있기를
목숨보다 귀한
자유를 얻을 수 있기를

하늘에 계신 분께
간절히 빌어본다

위대한 여성들

북한에서 뭐 하고 살았어요?
배낭 지고 산 넘어 다니며 장사했어요.
아니, 무슨 조선시대도 아니고 산을 넘어 다니며 장사해요?
현대판 조선시대라고 생각하면 될걸요?

아니다 조선시대는 당나귀라도 있었다

군대와 인민
공장과 농장
방송과 언론
학교와 병원
기차와 자동차
바다와 산과 들

이 모든 것을 한 손에 쥐고 흔들던
사회주의 계획경제 무너지고

배급이 종말을 고하고
인민을 내팽개친 고난의 행군

공업품 배낭
식료품 배낭
수산물 배낭
농산물 배낭
휘발유 배낭
석탄 배낭
장작 배낭
……

세상살이에 필요한 모든 것
오로지 등짐으로 져 나르며
죽을힘 다해 가족을 먹여 살린

엄마들

딸들
누나들

드라마 〈슈룹〉을 보고

어머니가 자식의 우산이라면
정부는 국민의 우산이다

인민들 머리 위로 쏟아지는 고난의 비

막아 줄 의사도
능력도 없는
3대 세습 정권

고쳐 쓸 수도 없이
망가질 대로 망가진 우상

나쁜 뉴스

두만강에서 메콩강까지
벙어리 흉내를 내야 했던
기나긴 탈북 여정에 마침표를 찍고
한국대사관에 들어간다

매일 마주하는 저녁 뉴스
상대를 물고 늘어지는 정치판
교통사고, 자살, 성폭행, 강도, 방화
끊이지 않는 사건 사고들
범인을 잡지 못한 아동 납치 사건

가슴이 덜컥 내려앉는다
사람 못 살 땅 도망쳐 나왔는데
저쪽도 사람 못 살 곳 아닌가!

고향을 벗어난 때부터 마냥 신난
아들과 딸

저 아이들이 살아갈 땅은 어디란 말인가!

우리 같은 탈북자가
무슨 돈이 있다고 애를 납치하겠소?
걱정도 팔자다
일행들 한담에도 마음은 개운치 않다

우상숭배로 도배된
사건 사고는 일절 내보내지 않는
조선 중앙보도에 길들여진 탓이려니

하지만 어린이 성범죄 사건은
머릿속에 맴돌며
불안을 놔주지 않는다

낡은 라디오

1991년 12월 31일
온종일 수북수북 눈이 내린다

세상의 온갖 더러운 것들
깡그리 묻어버리고
밤의 속삭임마저
하얗게 잠재운 그 밤
낡은 라디오 주파수
이리저리 돌려보는 아버지

그 고물단지는 왜 또 만지슈?
꿰진 양말 들고 졸던 어머니
혀를 끌끌 찬다

바로 그때 느닷없이 튀어나온
저음의 여성 목소리

1992년 임신년은 검은 원숭이해입니다. 새해 복 많이 받으세요.

귀를 간지럽히는 낯선 말투
남조선 방송이다!

쿵쿵 뛰는 가슴 부여잡고
후다닥 뛰쳐나가 대문 확인하고
방문 안으로 단단히 걸고
라디오 앞에 바싹 다가간다

뿌지직 찌지직…
더 이상 아무 말도 안 나오는데
아버지는 라디오를 붙들고 놓지 않는다

오래전부터 남몰래
남조선 방송 엿들었던 아버지

목숨을 담보로
무엇을 알고 싶으셨던 걸까

12월

봄날 같은 날씨가 지속되더니
개구리가 잠에서 깨어나고
올챙이가 알에서 깨어난다

꼬리를 흔들며
세상 구경에 신난 꼬맹이들
낼모레 한파가 밀려온다는데
아무것도 모르는 저 미물들
어찌할꼬

인간의 끝없는 욕망으로
애먼 생명들 목숨을 잃고

4대를 꿈꾸는 권력 욕망에
죄 없는 북한 인민들 죽어 나간다

누구였을까!

똑 똑 똑
누구야?

올 사람이 없는데 이 밤에 누구지
문 열고 내다봐야 하는데 꼼짝할 수가 없다

똑 똑 똑
누구야?

안간힘을 쓰다
눈을 번쩍 뜨니 주위가 훤하다

누가 나를 깨웠을까
푸름푸름 밝아오는 창문을 보며
우둥퉁한 눈두덩이 문지르던 생각
출근 시간 늦지 않게 깨워준 이

냉방에서 달달 떠는 딸 걱정에
눈도 제대로 못 감으신 아버지였을까
기약할 수 없는 먼 길 떠나는 아픈 손가락
눈물 머금고 배웅하신 어머니였을까
동생의 고달픈 삶이
못난 맏이 탓이라고 늘 자책하던 언니였을까

혈육들이 모두 잡혀갔다는 소식
도륙당하는 가슴
남은 너라도 잘 살아가라고
위로를 보낸 것 같은 날

고맙습니다

셋이 한 몸 되어 이불 속으로 숨어든다
서로의 온기가 소통하고
까투리처럼 틀어박았던 얼굴
이불 밖으로 빼꼼히 드러난다

양쪽에서 팔 하나씩 차지하고
어느 쪽으로도 돌아눕지 못하게 하던
아들딸의 고른 숨소리
그제야 나는 몸을 뒤척인다

어머니는 내가 이렇게 살 줄 아셨을까
시집올 때 해준 두툼하고 따뜻한
이 솜이불 아니었다면
혹독한 겨울 어떻게 견뎠을까!

무거운 짐 지고 매일 넘나드는 주마산
여름을 인지 못 하는 닳은 신발 바닥

다리에 실린 80kg급 무게
핏대를 세우고 받쳐내는 종아리

남달리 불룩 튀어나온
굵은 장딴지가 콤플렉스였던 나는
교복을 벗은 이후 치마를 입지 않았다

든든한 이 다리 아니었다면
저 높은 산을 어떻게 넘어 다녔을까!
어미가 세상의 전부인 내 아이들
어떻게 먹여 살렸을까!

아버지 어머니 고맙습니다.

씨가 된 말

난 빈탕*인데
저 꺽다리 아줌만 오늘도 만땅이네

배낭 아가리를 뚫고 우뚝 솟은 자루에
짓눌린 머리가 보일락말락 한다
고개도 돌리지 못하고 곁눈질로 나를 보는데
내 오지랖이 그냥 지나치지 못한다

제가 좀 져다 줄까요?
안 그래도 되는데…

반쯤 덜어 준 짐 메고 가파른 언덕길 톺아 오른다

누구는 빈 배낭 옆구리에 끼고
쌩하니 바람 일구며 지나가 버리는데
자기는 마음이 비단에 비단이야
이담에 복 받을거야

〉
술 한 통 외상 주고 오는 길
당장 내일 끼니를 걱정해야 하는 내 처지
직접 튀긴 완자* 지고 다니며
한 개도 건넨 적 없는
욕심 많고 괴팍하기로 소문난 장사꾼

그 빈말 덕분일까
나는 지금
배고픔을 모르는 세상에 산다

*빈탕 : 물건을 외상 주고 빈 몸으로 오다.
*완자 : 안에 팥앙금을 넣고 납작하게 빚은 후 기름에 튀긴 음식.

월동

고향 집 마당 한 귀퉁이
땅바닥에 납작 붙은 시금치
영하를 넘나드는 날씨에
잎이 거멓게 죽었다가
한낮의 햇볕에 되살아난다

언 손을 입김으로 불어가며
칼끝으로 시금치를 캐는 어머니
얼굴을 후려치는 흰서리 개의치 않는다
웅크린 허리 잠깐 펴고
손에 든 파아란 시금치 바라본다

얼어 죽지 않기 위해
영양분을 최대치로 끌어모은
한철 식물의 몸부림
그 뿌리들은 어둠의 지하에서
얼마나 처절하게 기었을까

〉
권력 앞에 무지렁이가 될지언정
인생의 밑바닥에 길지언정
올곧음을 가르쳤던 어머니
독재의 세상 박차고 나가는
자식의 등
말없이 떠민다

붕괴의 싹 1

1980년대 읽은 영국소설
맥락을 따져봐도 아리송한 크리스마스
영국의 국경절인가!

1990년대 방영된 TV 연속극
스치듯 언급된 예수
배신의 아이콘 가룟 유다
예수는 누구이고
가룟 유다는 왜 그를 배신했을까!

2000년대 당국의 감시를 피해
몰래 유통되는 미국 영화
〈나 홀로 집에〉 등장한
요란한 크리스마스

크리스마스는 세계적인 명절인 것 같은데
우리나라엔 왜 없을까!

붕괴의 싹 2

두만강을 넘기 전
브로커의 신신당부
만약 중국에서 잡혀 나올 경우
교회라는 말은 일절 꺼내지 마라

구류장에서 만난 북송된 청년
교회를 말하는 순간
여기서 살아 나가지 못한다
몇 번을 곱씹어 말했건만
기도를 멈추지 않던 열아홉 청년
며칠 후 공개 처형당했다

중국에 들락거리다
철창신세 면치 못했던 브로커
눈앞에서 벌어진 일이라고

하느님만 모른다고 하면

몇 년 고생하고
다시 살아나올 수 있고
다시 도강하면 된다
거듭거듭 강조하는 브로커

도대체 교회가 뭐라고
아직 피지도 못한 청춘
부모 형제가 보는 앞에서
총으로 쏴 죽인단 말인가!

존재의 이유

당신은 통일 문학의 선구자입니다
가슴 속 사연들은
그 누구도 지어낼 수 없는
소중한 문학적 자산이고
역사의 증언이 될 것입니다

시 동아리 모임에서
기어드는 소리로 발표한 습작 시
지도교수님의 격려에
가슴이 뛴다

내 아이의 입에
밥 한 숟가락 넣어주기 위해
바동거렸던 내 삶이
역사가 되다니!

세뇌당한 사십 년

밟히면 꿈틀하는
지렁이만 못했던 내 인생도
존재의 이유가 있었다

나는 기다립니다

나는 기다립니다
생사를 알 길 없는 혈육과의 상봉을
학창 시절 단짝과의 만남을

나는 손 놓고 기다리지 않겠습니다
폭정의 희생양들 대변해
한 글자 두 글자 써나갈 것입니다

나는 기다립니다
한반도의 동맥이 이어지기를
독재에 신음하는 북녘 땅의 자유를

나는 가만히 기다리지 않겠습니다
내가 할 수 있는 일 찾아
작은 것이라도 힘을 보탤 것입니다

나는 기다립니다

하나로 연결된 삼천리강산을
얼싸안고 입 맞출 남과 북을

나는 앉아서 기다리지 않겠습니다
더디지만 온 힘을 다해
통일 대한민국 마중 갈 것입니다

*다비드 칼리의 그림책 『나는 기다립니다』 독후감.

|해설| **박덕규** 문학평론가, 단국대 명예교수

존재의 이유로서의 '탈북문학'
— 이명애 시집 『환승』에 부쳐

1. 아직 환승 중

1925년 최서해가 《조선문단》에 발표한 자전적 단편소설 「탈출기」는 가난을 면하기 위해 식솔을 거느리고 '간도'로 건너가 살고 있는 인물('박 군')이 친구('김 군')에게 보내는 편지 내용으로 구성돼 있다. 이 소설에 '배가 남산만 한 임신부 아내'가 먹을 것이 없어 주운 귤껍질을 몰래 먹으려다 남편에게 들키자 얼른 아궁이에 던져 넣는 장면이 나온다. 남편이 막대기로 식은 재를 뒤져 찾아내니 귤껍질에 아내가 베어 먹은 잇자국이 선명하다. 1925년이면 100년 전이다. 그때의 귤이 요즘 우리가 먹는 밀감과 같은 크기나 맛일 수도 없고, 또 어디서나 쉽게 사 먹을 수 있는 상황도 아니었을 것이다. 그러나 그 척박한 시절에도 누군가는 귤을 먹었고, 귤껍질도 쉽게 볼 수 있었던 모양이다. 21세기 초 북한 생활 40년의 이명애는 학창 시절 교과서에서 이 「탈출기」를 읽고 거기 나오는 '귤'이란 게 어떻게 생긴 건지 "기억을 총동원해도 / 귤이란 물건 그려낼 수 없"(「귤 껍질 1」)었다고 했다. 어느 날인가는 "거뭇한 귤 껍질 몇 조각"을 우연히 얻어 증류주를 넣은 술병에 넣었더니 하룻밤 사이 "연한 살구빛"과 "은은한 향"을 내더란다(「귤 껍질 2」). 이명애의 가족들은 입국 초기 귤 한 박스를 순식간에 먹어치우는 먹성을 보인다(「귤 껍질 3」).

20세기 전반에도 구할 수 있었던 것을 100년 세월 지나서 구경조차 못하는 곳. 이런 예는 이명애가 살아온 북한이 극심한 물자 부족 국가라는 사실을 방증한다. 먹거리만으로 따져봐도 '바나나'는 구경조차 한 적이 없고(「바나나」), '국광사과' 같은 것도 "중앙당 간부들 식탁에나 오를" 뿐이고 어쩌다 장마당에 나온다 해도 "큰맘 먹고" 사야 할 만큼 비싸고 귀하다(「국광사과」). "평생 과일 구경 못하는 사람 부지기"수란다(「사과배」). "원수님 이름으로 / 전국 아이들에게 주는 당과류 선물"을 받기 위해 학교 대표자들이 식료공장으로 가서 줄을 서야 하고(「이제는 말할 수 있다」), 그렇게 '하사' 받은 것마저 아이들에게 배분하기 전에 도둑맞을까 전전긍긍한다(「가장 안전한 곳」). "민족 최대 명절에만 구경했던" 하사품 과자는 "주원료가 무엇인지" 벽돌처럼 딱딱해서 먹기에 여간 힘들지 않았는데 "고난의 행군이 시작되니 / 그마저도" 아쉬운 처지가 되더란다(「벽돌과자」).

이명애는 2006년 40대에 들어 한국에 입국한 탈북민이다. 이미 첫 시집 『연장전』(2020), 둘째 시집 『계곡의 찬 기운 뼛속으로 스며들 때』(2022) 등에서 북한 실상을 알리는 데 주력했고, 이 시집 또한 위에서 설명한 대로 '귤껍질 잇자국'처럼 생생하게 북한 기억을 되살리고 있다. 그런 한편, 이제는 한국 정착 20년 세월 동안 겪은 사연도 적지 않게 시적 상황으로 언급된다. 이 시집에는 실제 정착 생활에서 부딪치고 느낀 사연이 여기저기 녹아 있다. 그런데 그 정착 내용은 한국 생활에 동화된 것이기보다 탈북민으로서 여전히 놀라워하고 불편해하는 감정이 묻어나는 것들이다. 이명애의 표현에 따르면 그 자신은 아직 '환승' 중이다.

앞으로 가야 할지
뒤로 가야 할지
환승을 하라는데 방향을 알 수 없다.
―「환승」에서

「환승」은 늦깎이 나이로 꿈에 그리던 대학교 입학식에 참석하기 위해 전철을 타고 가다 환승하면서 방향을 몰라 당황스러워하는 장면을 그리고 있다. 처음에는 애를 먹지만 한국이 북한과 '같은 언어'를 쓰는 덕분에 무사히 위기를 극복하고 목적지에 도착한다. 이 시집에는 이처럼 낯선 한국 생활에 조금씩 익숙해져 가는 과정이 드러나 있다. 국민 대표를 선출하는 선거에서 "100% 찬성 투표"로 '공화국의 단결된 위력을 세계만방에 과시하는' 북한 방식(「첫 투표 1」)만 알다가 한국에 와서 '투표율 63%, 득표율 48.7%'로 '투표자의 51.3%가 원하지 않은' 후보가 대통령이 되는 한국 상황을 처음 경험한다(「첫 투표 2」). 자신을 '이 여사님'이라는 부르는 것(「여사님」)도 생소하고, '명태, 도루메기, 이면수밖에 본 적 없다가' 한국에서는 흔하디 흔한 '고등어자반'이 뭔지 몰라 물어보고 사는 '용기'를 발휘하기도 한다(「정착 일기 2」). 사람들은 자신의 말투를 들으면 대개 '조선족'이냐고 묻고 '북한 사람'이라 밝히면 신기해 한다(「정착 일기 1」). 북한 출신인 이명애가 '정착 한국인'이 되는 '환승'의 과정은 여전히 많은 이색 경험을 낳고 있다.

2. 깊고 광범위한 탄압 현장

정착 20년. 세 번째 시집. 이제는 살아가는 현실에서 부딪치고 느끼는 것들만 해도 좋은 소재가 되어 정착 한국인으로서의 시로 이 한 권을 채울 수 있겠다 싶은데 아직 그렇지는 않다. 이명애는 이번 시집에서도 여전히 북한의 실상을 드러내는 '리얼'한 상황을 그려낸다.

> 배고파 쓰러진 아들딸
> 눈 뜨고 굶겨 죽일 수 없는 일
> 천금 같은 이 기회 절대 놓칠 수 없다
> 여자는 밤이 깊어지기를 기다려
> 강냉이밭으로 숨어든다
> ―「가을 태풍」에서

태풍이 오면 대개, 쓸려나가지 않게 주변을 단속하면서 가능하면 집안에서 사태를 관망하는 태도로 대응한다. 그러나 「가을 태풍」의 '여자'는 경비꾼들이 지키는 강냉이밭으로 몰래 숨어든다. "배고파 쓰러진 아들딸"을 "눈 뜨고 굶겨 죽일 수 없"어서 '강냉이 이삭'이라도 따 와서 쪄 먹이기 위해서다. 경비꾼들이 언제 나타날지 모르는 상태에서 "땅과 한 몸이" 돼 "물 먹은 배낭"을 가득 채우려 애쓴다. 다행히 "고마운 광풍은 뚝뚝 이삭 따는 / 소리 족족 삼켜버린다." 배급이 끊긴 사회주의 국가 북한의 서민 상황을 생생하게 보여주는 장면이 아닐 수 없다.

> 최고 존엄의 말에는
> 누구도 감히 토를 달 수 없다
> 예산을 뛰어넘는 허세
> 평양세계청년학생축제를 시작으로
> 나라 살림 거덜 나고
> 사회주의의 꽃인 배급이 결딴나고
> 도강하는 사람들이 줄을 잇는다
> ―「뜻밖의 사실」에서

사회주의를 표방한 국가에서는 '배급이 꽃'이다. "15일 분량으로 7일 먹기 딱 좋은 / 배급이나마 받으며 / 꼼짝없이 복종한 1970년대"인데 어떻든 배급이란 게 있어서 그 시절의 "북한이 남한보다 잘 살았다"는 풍문까지 생겨나 있었던 모양이다. 그 시절을 살아온 이명애로서는 이런 풍문이 참으로 '뜻밖'이었으리라. 어떻든 그렇듯 턱없이 부족한 배급을 받으면서도 "최고 존엄의 말"에 복종해 왔으나 '평양세계청년학생축제'를 계기로 "나라 살림이 거덜나고" '배급도 결딴 나서' 중국으로 도강하는 사람이 줄을 잇는 상황이 되었다. 1990년대 중반 '배급이 결딴 난' 처지를 견디라고 독재자 측에서 내세운 구호가 '고난의 행군'임을 우리는 잘 알고 있다. 아울러 중국으로 도강을 한 사람들 중 적지 않은 이가 한국으로 입국해 2020년 무렵까지 그 탈북민 수가 3만 4,000을 넘긴 사실도 또한 그렇다. 탈북민 이명애는 '배급 없는' 한국에 와서 '이밥에 질려 잡곡밥을 찾아 먹는' '걱정 없는 삶'을 누리면서 북한 실상을 진단해 준다.

　　이쁘고 똑 부러진 학급 반장
　　갑자기 반장에서 잘리더니
　　어느 날 아예 사라져 버린다

　　반 애들 조잘거린다
　　걔네 엄마 지주 첩의 딸이래
　　걔네 가족 탄광으로 추방됐대
　　─「지주 딸」에서

　무수한 사람이 도강을 한 까닭은 물론 '세끼 밥' 때문이지만, 그 내면을 들여다보면 그게 식량 문제만은 아니라는 걸 잘 알 수 있다. 사회주의는 인민대중의 평등을 표방하지만, 북한은 출신성분에 따라 계급이 정해지는 사회다. 출신성분을 확정 짓는 과정도 일회적이지 않다.「지주 딸」은 어제까지 "이쁘고 똑 부러진 학급 반장"이던 친구가 '엄마가 지주 첩의 딸'이라는 사실이 뒤늦게 밝혀지면서 가족 전체가 탄광으로 추방되고 만 사실을 서술한다. '지주'라면 이미 광복과 더불어 청산 작업에 들어가 있던 대상인데 반 백년도 더 지난 때까지 그걸 가려 처벌하고 있다는 얘기다. 북한에서는 이런 연좌제가 요즘도 극악하게 유지된다. 이명애 역시 가족이 탈북에 성공한 뒤 남은 가족들과 연락을 주고받는 과정에서 그 "혈육들이 모두 잡혀 갔다는 소식"을 듣는다(「누구였을까!」). 북한은 3대 세습 독재에 반하는 생각을 가질 가능성이 있는 대상이면 그 일가까지 누구든 철저히 탄압한다.

　북한은 전제 군주가 영도하는 독재국가다. 당은 1인 독재체제를 유지하는 일을 하는 기관이다. 전 국민은 당의 지시에 따라 생산체제에 임해야 하고, 그 생산물은 국가의 것이다. 공식적으로는 집도 물건도 먹을 것 입을 것 모두 국가의 것이고 사유물이란 없다. 거주 이전이나 여행의 자유도 없고, 진로 선택 또한 당의 지정이 우선이다. 심지어

멀쩡히 잘 쓰고 있던 이름도 '혁명적으로 바꾸라는 노동당의 지시'를 받아 고쳐야 한다(「이름」). 전 국민이 체제를 지탱하는 조직체의 일원으로 행동해야 한다. 군인도 학생도 본분인 훈련이나 공부를 접고 당의 지시에 따라 노동현장에 투입되는 일이 예사롭다.

    오후 수업 끝난 무보수 땅꼬마 일꾼들
    툭툭 쟁강쟁강 일터로 향한다
    —「무료교육 혜택」에서

  북한에서 학교는 선생님이 교과서로 아이들을 무상으로 교육하는 곳이지만 실상은 그렇지 않다. 교육의 내용이나 교과서의 보급 같은 것도 문제이지만, 그조차도 예정된 진도에 맞추지도 못할 때가 많다. 오전 교육까지는 그런 대로 진행했다고 해도 오후에는 노동 현장에 동원되는 일이 비일비재하다. 「무료교육 혜택」에서 서술하는 아이들의 일감은 '바쁜 농장 일손 돕기, 학교 담벼락 횟가루 칠하기, 도로 정리하기, 봄가을 나무 심기, 부족한 학교 건물 짓기, 학교 토끼사 짓기, 야외 수영장 건설하기' 등이다. 한국에서 "모든 어린이가 차별 없이 인간으로서의 존엄성을 지니고 바르고 아름답고 씩씩하게 자라도록 국가와 사회가 보호하고 지원해야 할 기본 원칙"을 담고 있는 '어린이 헌장'이 제정된 것은 1957년이다. 이제는 이 헌장을 강조할 필요도 없는 것이 한국 사회다. 반면 북한의 인권 탄압은 어린이에 이르기까지 깊고 광범위하다.

>한날한시 무리배치 받고
>발전소 건설장에 떠밀려 온 제대군인들
>—「마실 다니는 문」에서

북한의 군대는 10년 복무가 기본이다. 복무 후에는 자기 집으로 돌아가 지역에서 직업을 배분받는다. 그런데 어떤 때는 집단으로 한 지역의 노동현장에 배치되기도 한다. 이를 무리배치라 한다. 「마실 다니는 문」은 군 복무를 마친 다수의 군인들이 집단으로 '발전소 건설장' 현장에 무리배치된 사연을 제공한다. "1동 2세대" 사택을 지어준다는데 흙벽돌, 용마루와 서까래, 시멘트 기와 등은 대충 세우고 얹었지만 "자재가 없어 언제 완공될지" 알 수 없다. 거기서 살게 된 제대군인들은 "군에서 갈고 닦은 자력갱생의 실력"으로 "냉상 모판 덮은 비닐 박막 벗겨다" 창문 만들고 "건너편 동네 집 문짝 몰래 떼어" 출입문을 설치하고 본다. 그 문짝을 도적 맞고 또 다른 문짝을 훔쳐 와서 새로 다는

악순환이 벌어진다.

3. 가만한 기다림이 아니라

 이명애는 시인으로서 '북한 얘기 그만 해라, 진절머리가 난다'라는 말을 듣는다고 한다. 그럼에도 이번 시집 역시 북한 얘기가 한가득이다. 더하고 뺄 것도 없는 북한 실상 그대로가 곳곳에 서술된다. '억눌린 가슴속에서 일어나는 거센 소용돌이를, 세상 밖으로 분출하지 않고서는 견딜 수가 없기' 때문이다(「시인의 말」 참조).

> 고향 집 마당 한 귀퉁이
> 땅바닥에 납작 붙은 시금치
> 영하를 넘나드는 날씨에
> 잎이 거멓게 죽었다가
> 한낮의 햇볕에 되살아난다
>
> 언 손을 입김으로 불어가며
> 칼끝으로 시금치를 캐는 어머니
> 얼굴을 후려치는 흰서리 개의치 않는다
> 웅크린 허리 잠깐 펴고

> 손에 든 파아란 시금치 바라본다
> ―「월동」에서

「월동」은 한겨울 "영하를 넘나드는 날씨에" "땅바닥에 납작 붙은 시금치"를 캐는 어머니의 모습을 그리고 있는 시다. 북한에서의 삶은 마치 시금치가 "어둠의 지하에서" '처절하게 몸부림치며 기어' 생명을 유지한 것과 같이 "인생의 밑바닥"을 기는 것과 같다. 가끔 "봄날 같은 날씨"에 "세상 구경에 신난 꼬맹이들"처럼 굴다가는 '낼모레 밀려드는 한파'에 '애먼 목숨을 잃고' 만다(「12월」).「월동」의 어머니는 그걸 알기에 "독재의 세상 박차고 나가는 / 자식의 등 / 말없이 떠민다." 도강의 행렬은 이렇게 시작되고, 그것은 탈북과 한국 입국으로 이어진다. 이명애와 자녀들은 그렇게 한국에 와서 정착했다. 이명애는 한국에 와서 하고 싶은 대학 공부를 시작한 늦깎이 학생이 되었는데 뜻밖에도 거기서 자기 '존재의 이유'를 깨닫게 됐다.

> 당신은 통일 문학의 선구자입니다
> 가슴 속 사연들은
> 그 누구도 지어낼 수 없는
> 소중한 문학적 자산이고

역사의 증언이 될 것입니다

시 동아리 모임에서
기어드는 소리로 발표한 습작 시
지도교수님의 격려에
가슴이 뛴다

내 아이의 입에
밥 한 숟가락 넣어주기 위해
바둥거렸던 내 삶이
역사가 되다니!

세뇌당한 사십 년
밟히면 꿈틀하는
지렁이만 못했던 내 인생도
존재의 이유가 있었다
―「존재의 이유」 전문

  1945년 광복 이후 분단 80년이다. 북한은 봉건 군주제 시절인 조선시대와 일제 강점기의 식민지 시대를 거친 이후 사회주의를 표방하는 1당 1인 독재체제밖에 겪은 적이 없다. 구 소련과 동구권 사회주의 권이 존재하던 냉전 시기까지 우리는 북한이 그 독재체제 아래서도 적어도 배급제를 유지하면서 자급자족하는 사회를 유지하는 줄 알았다. 그런데 알고 보니 인권탄압을 일삼는 독재체제만 공고해졌다. 정권 세습마저 이어지면서 마침내 배급제가 무너져 아사자가 속출하는데도 이를 방임하고 체제 유지에만 골몰하고 있었다. 물론 북한 정권이 스스로 이를 인정하고 공개한 적은 단 한번도 없다. 탈북 현상은 그 사이에 일어났다. 이제껏 분단이라는 관점에서 보아오던 남북관계는 탈북 현상으로 '먼저 온 통일'을 경험하게 되었다. 최근 몇 년 탈북 길이 거의 막히다시피 했지만, 3만 4,000 이상의 탈북 정착민들은 대부분 통일전선의 앞자리에서 남과 북을 잇는 통로에 서 있다.

탈북민 이명애가 바로 그런 사람이다. 이명애는 북한에서 사십 년 세뇌당하며 어떻게든 "내 아이 입에 / 밥 한 숟가락 넣어주기 위해 / 바동거렸던 내 삶"일 뿐이었는데, 그게 '소중한 문학적 자산'이고 '역사의 증언'이 된다는 걸 뒤늦게 알아차렸다. 현대시에서 요구하는 은유나 비유나 상징 같은 것에 의존할 것도 없다. 겪은 일의 진솔하고 군더더기 없는 고백은 분단에서 통일로 나아가는 과정에서 형성된 탈북시대를 누구보다 집요하게 증언한다. 이는 개

인적으로는 두고 온 가족에 대한 죄책감을 씻는 일이 되기도 한다. 이명애는 말한다. "폭정의 희생양들 대변해 / 한 글자 두 글자 써나갈 것"(「나는 기다립니다」)이라고. 이명애는 '가만히 기다리는 존재'가 아니라 '쓴다'라는 구체적인 실행으로써 자기 존재를 증명하고 있다. 이명애의 시는 '존재의 이유'로서의 '탈북문학'의 한 전범으로 자리한다.

이명애

1965년 8월 평안북도에서 태어나 1981년 8월 평안남도 개천시 룡암고등중학교를 졸업했다. 2006년 8월 대한민국으로 입국했고, 2016년 2월 숭실사이버대학 방송문예창작학과를 졸업했다. 2017년 12월 'K-스토리' 신인상으로 등단. 시집 『연장전』(2020), 『계곡의 찬 기운 뼛속으로 스며들 때』(2022. 남북통합문화콘텐츠 창작지원 공모 선정작) 출간.

곰곰나루시인선 018
환승

초판 1쇄 발행 2025년 10월 25일

지은이 이명애
펴낸이 임현경

펴낸곳 곰곰나루
출판등록 제2019-000052호 (2019년 9월 24일)
주소 서울특별시 양천구 목동서로 221 굿모닝탑 201동 605호(목동)
전화 02-2649-0609
팩스 02-798-1131
전자우편 merdian6304@naver.com
유튜브 채널 곰곰나루

ISBN 979-11-92621-24-1 03810

책값 13,000원

· 이 책의 판권은 지은이와 곰곰나루에 있습니다.
· 이 책은 2025 통일부 남북통합문화 콘텐츠 창작지원 사업 선정작으로, 통일부 남북통합문화센터와 한양대학교 갈등문제연구소의 지원을 받아 제작되었습니다.